AF455554

†

NOTICE NÉCROLOGIQUE

SUR

M. L'ABBÉ BENOIT BION

CHANOINE HONORAIRE DE NEVERS,

SUPÉRIEUR DE L'INSTITUTION SAINT-ROMAIN

A CHATEAU-CHINON.

Consummatus in brevi explevit tempora multa. (Sap., IV, 13.)

Il a peu vécu, mais il a rempli la course d'une longue vie.

NEVERS,

IMPRIMERIE FAY. G. VALLIÈRE, SUCCESSEUR,

Place de la Halle et rue du Rempart, 2.

1879

NOTICE NÉCROLOGIQUE

SUR

M. L'ABBÉ BENOIT BION

CHANOINE HONORAIRE DE NEVERS,

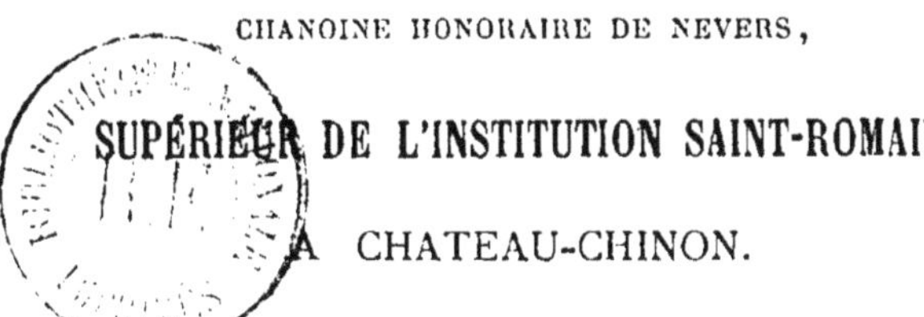

SUPÉRIEUR DE L'INSTITUTION SAINT-ROMAIN

A CHATEAU-CHINON.

Consummatus in brevi explevit tempora multa. (Sap., IV, 13.)

Il a peu vécu, mais il a rempli la course d'une longue vie.

NEVERS,

IMPRIMERIE FAY. G. VALLIÈRE, Successeur,

Place de la Halle et rue du Rempart, 2.

1879

Imprimatur.

Niverni, die 3 septembris 1879.

† STEPHANUS, Episc. Nivern.

DÉDIÉ

AUX ENFANTS

DE L'INSTITUTION SAINT-ROMAIN.

A LA MÉMOIRE

DE LEUR BIEN-AIMÉ SUPÉRIEUR

M. L'ABBÉ BENOIT BION.

†

NOTICE NÉCROLOGIQUE

SUR

M. L'ABBÉ BENOIT BION

CHANOINE HONORAIRE DE NEVERS,

SUPÉRIEUR DE L'INSTITUTION SAINT-ROMAIN.

I.

M. l'abbé Benoît Bion naquit le 2 juin 1841, dans la petite ville d'Ambert, sous-préfecture du Puy-de-Dôme. Il venait donc d'achever sa trente-huitième année quand la mort nous l'a enlevé. Coïncidence remarquable! Le mois de juin, consacré au Sacré-Cœur, vit s'accomplir les principales actions de la vie de l'abbé Bion, qui devait dédier au Cœur de Jésus les dernières pages tombées de sa plume. Ce mois, en effet, fut celui de sa naissance, de sa première communion et de sa confirmation, de son ordination et de sa première messe. A ces dates joyeuses il nous en faudra, hélas! joindre une autre bien triste pour nous désormais, le 14 juin 1879!

Au baptême, qu'il reçut le surlendemain de sa naissance, on lui donna le nom de Benoît. Ceux qui ont admiré chez M. l'abbé Bion ses grandes et fortes vertus, son ardeur infatigable au travail, immodérée parfois, puisqu'elle allait jusqu'à compromettre les ressources d'une santé d'ailleurs bien délicate, savent combien il avait à cœur de suivre les exemples de son saint patron.

Comme il était heureux au jour de sa fête! Chaque année, depuis qu'il était supérieur de Saint-Romain, le respect, la reconnaissance et l'amitié lui préparaient de gracieuses et délicates attentions; mais cette année surtout, l'affection et le dévouement de ses professeurs avaient voulu que la fête de saint Benoît (peut-être avaient-ils le pressentiment que ce serait la dernière) revêtît un éclat particulier. Ils lui avaient ménagé la surprise de faire exécuter un oratorio dont il avait composé les paroles: *Le martyre de saint Romain et de saint Barulas*, sa dernière œuvre littéraire. Notre cher supérieur aimait à se rappeler cette soirée qui avait été pour lui une grande joie et une douce consolation, et dont, pour cette raison, le souvenir sera toujours précieux aux cœurs dévoués qui la lui ont préparée.

Dès son jeune âge, l'abbé Bion annonça ce qu'il serait un jour. Doué d'une intelligence vive et déliée, secondée par une belle et fraîche imagination et une grande application à l'étude, il remporta bientôt les premiers prix au collége des frères d'Ambert, où il commença ses études; mais ce que l'on admirait par-dessus les brillantes qualités d'un esprit qui annonçait tant pour plus tard, c'était son cœur droit et généreux, sa piété tendre et naïve, son amour pour les cérémonies, qualités qui révélèrent son inclination pour le sacerdoce et firent découvrir en son âme par son oncle, le curé de Lormes, les indices d'un appel divin.

A l'âge de dix ans, il quittait le pays natal pour venir à Lormes auprès de celui qu'il regarda toujours comme son second père et qui fut pour lui un guide précieux. Il y a quelques semaines, nous l'entendions raconter ce premier voyage. A son arrivée dans la Nièvre, la première ville où il descendit fut Château-Chinon. Vingt-huit ans plus tard, presqu'à la même époque, sa dépouille mortelle était portée en triomphe à travers les rues de cette même ville qui doit garder sa tombe.

Il entra bientôt au petit séminaire de Pignelin, où il fit sa première communion. Malgré sa jeunesse, malgré la faiblesse de sa santé qui, à différentes reprises, lui fit suspendre le cours de ses études, il se fit toujours remarquer par ses succès brillants, et à la fin de sa rhétorique il quittait Pignelin, emportant avec lui douze prix et plusieurs accessits.

Au grand séminaire, il s'applique sérieusement à l'étude de la théologie; il aimait à faire par écrit le résumé développé des auteurs. Combien de fois l'avons-nous entendu dire que, pour la préparation des cours et des examens, il se servait exclusivement des notes qu'il prenait en classe et rédigeait pendant les études.

Tout en exerçant son esprit aux sciences sacrées, il n'oubliait pas de former son cœur aux vertus sacerdotales et spécialement à l'amour de Notre-Seigneur qui devait faire le fond de toute sa vie. Nous avons retrouvé dans ses résolutions de retraite à l'occasion de sa promotion aux ordres mineurs cette brûlante aspiration qui nous révèle toute son âme : *Oh ! si je pouvais donc arriver à aimer Notre-Seigneur autant que le démon le hait !*

Élevé au sous-diaconat le 4 avril 1863 et au diaconat le 19 décembre de la même année, le 24 juin suivant, il recevait l'onction sacerdotale des mains de Mgr Forcade.

Au mois d'août, il quittait Pignelin, où depuis deux ans il était professeur, pour venir à Lormes en qualité de vicaire. Dans le principe, l'abbé Bion se croyait peu d'aptitudes pour le ministère paroissial : il s'ignorait lui-même, et ceux qui ont vu à l'œuvre le vicaire de Lormes et le curé de Corancy, savent combien il possédait à un haut degré les qualités d'un prêtre éclairé et d'un pasteur plein de zèle.

Doué d'une grande activité, animé d'un vif amour pour le bien des âmes, le jeune vicaire eut bientôt gagné, avec la confiance la plus entière de son oncle, l'estime et l'affection des habitants de Lormes. Ils admiraient chez lui sa haute piété, son talent pour la prédication, pour le catéchisme, qu'il savait rendre intéressant en même temps qu'instructif, son dévouement pour les enfants et les malades. Ils se souviendront longtemps aussi des belles fêtes qu'il savait organiser d'une manière si ingénieuse : adorations perpétuelles, messes de minuit, pour l'éclat desquelles il n'épargnait ni ses ressources, ni son temps, ni ses forces.

Cherchant par-dessus tout la gloire de Dieu, il seconda avec empressement les efforts de son oncle lors de la reconstruction de l'église de Lormes. Il l'accompagna aussi, lorsque le zélé pasteur, dans une dernière visite à ses paroissiens, leur demanda de compléter leur œuvre en faisant placer trois belles cloches dans le clocher de leur église. Les cloches furent placées, et les inscriptions rimées que l'on peut lire sur deux d'entre elles sont l'œuvre de M. l'abbé Bion.

Il était à Lormes depuis quatre ans quand Mgr Forcade l'appela à Nevers pour lui confier la direction du clos Saint-Joseph. Grâce aux prières pressantes de son oncle, aux raisons sérieuses que le vénéré doyen sut faire valoir, Monseigneur consentit à laisser à Lormes l'abbé Bion, heureux de voir cette affaire terminée et de reprendre le cours d'un ministère qu'il avait appris à goûter tous les jours davantage.

Jusqu'alors notre cher abbé avait été privilégié. Vivant dans un presbytère où il avait retrouvé la vie de famille, exerçant ses fonctions au milieu de paroissiens qui l'avaient vu grandir et le regardaient comme un de leurs compatriotes, il n'avait pas encore connu les grandes épreuves. L'heure, hélas ! en devait trop tôt sonner.

La santé de son oncle décroissait visiblement. Au mois de janvier de l'année 1873, celui-ci était atteint d'une hydropisie qui, après trois mois de souffrances destinées à mettre le couronnement à quarante-six ans de sacerdoce et de vertus, devait le conduire au tombeau. Ce que fut l'abbé Bion pendant la maladie du curé de Lormes, ceux qui en ont été les témoins ne l'oublieront jamais. Son cœur reconnaissant savait prodiguer au cher malade les attentions les plus tendres, et dans son âme sacerdotale il avait trouvé le moyen de se multiplier pour que la paroisse n'eût pas à souffrir de l'absence de son pasteur.

On l'a dit (1), l'abbé Bion fut admirable dans ces circonstances. Nous en avons la preuve dans les lettres d'éloges que lui écrivait Mgr Forcade, et surtout dans ces lignes que la main défaillante du bon doyen adressait au vénéré prélat : « Ce » cher abbé redouble pour moi d'égards, de » dévouement, et pour les paroissiens de zèle » et d'activité. Rien n'a souffert, grâce à Dieu. » Ces paroles n'étaient pas dictées par une affection aveugle ou partiale : elles étaient la sincère conviction du prêtre qui, trois jours avant de mourir, pouvait se rendre le consolant témoignage d'avoir toujours dit la vérité.

Après la mort de son oncle, l'abbé Bion voulut, dans une courte notice, retracer la vie et les vertus du regretté défunt. Il en fit hommage, par reconnaissance, aux habitants de Lormes, qui, n'ayant plus désormais à aimer ici-bas que le souvenir et la tombe de leur ancien pasteur, avaient voulu reporter sur son vicaire l'affection qu'ils avaient pour le premier.

Aux séparations si cruelles de la mort, une autre non moins douloureuse pour l'abbé Bion

---

(1) *Semaine religieuse* du 21 juin 1879.

allait s'ajouter encore. Il fallait quitter une ville qui, depuis vingt-deux ans, était sa patrie et depuis neuf ans sa famille sacerdotale, s'arracher à des cœurs dévoués dont, à toutes les époques, mais surtout aux jours de la tristesse et du deuil, il avait reçu les marques d'une sympathique et généreuse amitié.

La désolation des Lormois n'était pas moins grande. Bien des larmes coulèrent le dimanche 18 mai, quand on entendit les adieux touchants du regretté vicaire : « Mes frères, j'aurais désiré » rester encore quelque temps parmi vous et » conduire à la sainte table les enfants que M. le » Curé et moi nous avions préparés. Je dis lui et » moi, car, vous le savez, nous ne faisions qu'un, » et c'est un bonheur pour mon âme de savoir que » nous ne ferons plus qu'un dans votre cœur et » dans votre souvenir. Monseigneur m'écrit que » Corancy est une des meilleures paroisses du » canton de Château-Chinon. Cette pensée me » console un peu dans mon deuil ; mais ai-je » besoin de vous dire que rien pour moi ne remplacera Lormes et que la plus belle cure du » monde ne vaudra jamais pour mon cœur » l'humble poste de vicaire que j'aimais tant au » milieu de vous ! »

Après avoir adressé à la foule immense qui se pressait dans l'église une parole de remercîment et de conseil, il lui demandait en termes émus de prier pour son ancien pasteur : « Vous viendrez » souvent sur cette tombe, lieu de réunion de » mon cœur avec les vôtres, verser vos larmes » et vos prières, et demander pour vous et » pour moi les secours dont nous avons tous » besoin. »

Paroissiens de Lormes, arrivé à cette partie de notre récit, nous sentons le devoir, et c'est pour nous une consolation profonde, de vous exprimer toute notre reconnaissance pour l'empressement avec lequel vous avez répondu à l'appel du prêtre que vous pleurez.

Il y a quelques jours, au lendemain d'une fête qui nous était chère, — la Saint-Jean —, agenouillé sur cette tombe, le cœur brisé au souvenir du passé, rendu plus triste encore par les douloureuses réalités du présent, nous versions des larmes, larmes d'amertume, mais aussi de consolation, à la vue de toutes ces fleurs et de toutes ces couronnes déposées la veille par vos mains filiales sur la dalle qui recouvre le corps de votre pasteur bien-aimé.

Le mercredi 22 mai, le nouveau curé de Corancy célébrait sa dernière messe à Lormes. Malgré l'heure matinale, un grand nombre de personnes étaient réunies à l'église. Plusieurs avaient voulu recevoir une dernière absolution, un dernier conseil ; tous désiraient entendre une dernière parole, recevoir au moins un regard d'adieu.

Quelques habitants voulurent accompagner M. Bion jusqu'à Corancy, et pendant les semaines et les mois qui suivirent, on vint le visiter souvent dans son presbytère. C'était un bonheur pour lui de revoir ses anciens et fidèles amis, comme c'était une joie pour ceux-ci de posséder à Lormes le curé de Corancy.

II.

Installé le jeudi 22 mai, jour de l'Ascension, par M. l'Archiprêtre de Château-Chinon, il adressait aux paroissiens sa première allocution. Il ne leur dissimulait pas qu'il venait au milieu d'eux dans les sentiments d'une vive douleur, mais aussi d'une grande confiance. Dès ce jour-là il se mettait avec ardeur à continuer l'œuvre d'un pasteur qui, pendant vingt-huit années d'un laborieux et fructueux ministère, s'était acquis la sympathie universelle et laissait derrière lui de profonds regrets.

Les habitants de Corancy répondirent avec empressement aux efforts de leur curé. Ils semblaient comprendre son chagrin et compatir à sa peine. Ils eurent bien vite appris à l'aimer, et de son côté l'abbé Bion s'attacha de toutes les forces de son âme à cette paroisse pour laquelle le bon Dieu semblait l'avoir préparé dès longtemps.

A quelques kilomètres de Corancy, il existe une petite chapelle perdue au milieu des bois, bâtie sur un plateau qui domine un torrent. On la nomme la chapelle de Faubouloin ; là, Marie est honorée sous le vocable de *Mère de l'Auteur de la grâce divine*. Depuis plusieurs années l'abbé Bion avait appris à invoquer la sainte Vierge sous ce titre. Cinq ans avant d'être à Corancy, il avait publié un long travail intitulé : *Quelle est la plus belle invocation des litanies ?* Son intelligence qui allait toujours puiser ses idées aux sources de la théologie, sa piété qui perfectionnait et pour ainsi dire aiguisait (1) les conceptions multiples de son esprit, lui avaient fait choisir, comme belle entre toutes, l'invocation suivante: *Mère de la divine grâce, priez pour nous.*

Ce fut donc une consolation et une marque de la volonté divine pour l'abbé Bion de se voir à la tête d'une paroisse où Marie était honorée sous le vocable qu'il aimait le plus. Il embrassa avec

(1) *Pietas acuit mentem.*

ardeur le culte de Notre-Dame de Faubouloin. Plusieurs fois il conduisit en procession les paroissiens à la chapelle, tantôt aux jours fixés par l'usage, tantôt et le plus souvent pour obtenir de Dieu, par l'intercession de Marie, mère de la grâce, un temps plus favorable aux récoltes.

Désirant encourager par des faveurs spirituelles une dévotion d'ailleurs trop conforme aux sentiments d'une population dont la confiance est grande en Notre-Dame de Faubouloin, il obtint de Mgr de Ladoue quarante jours d'indulgence pour les paroissiens de Corancy qui réciteraient pieusement la courte invocation : *Mère de la divine grâce*, ou : *Mère de l'Auteur de la grâce divine, priez pour nous.*

A Notre-Dame de la divine grâce il consacra aussi sa chère maison de Saint-Romain ; il y fit placer sa statue ; tous les soirs, à la prière, il faisait réciter la courte oraison qu'il devait répéter tant de fois à l'heure de l'agonie.

Tout en s'occupant à développer dans sa paroisse la dévotion à Notre-Dame de Faubouloin, il érigea de même la confrérie du Rosaire. Il aimait à célébrer d'une manière plus solennelle les fêtes de la sainte Vierge, en particulier celle de l'Assomption. C'était le jour qu'il choisissait pour faire renouveler aux enfants leur première communion ; il les y préparait par quelques jours passés à l'avance au catéchisme, et le soir de la fête il leur conférait solennellement le scapulaire.

Pour conserver les jeunes gens dans les sentiments d'un jour aussi beau, et pour les prémunir contre les dangers des veillées, il aimait, pendant les soirs d'hiver, à les rassembler chez lui ; dans les ressources ingénieuses de son esprit, il trouvait le moyen de leur procurer d'utiles et d'agréables distractions, et la soirée se terminait toujours par la prière.

Il eut surtout à cœur de continuer l'œuvre si dignement commencée par son prédécesseur en cherchant à favoriser parmi les jeunes enfants les vocations ecclésiastiques. On sait que la paroisse de Corancy est une des premières du diocèse pour le nombre des élèves qu'elle a donnés et donne encore au grand et au petit séminaire.

Tous ces détails nous montrent quel était le zèle du curé de Corancy ; mais c'est surtout pendant le Carême et à l'approche des Pâques qu'il redoublait d'empressement et d'activité. Non content de réunir ses paroissiens dans l'église pour leur adresser des instructions qu'ils écoutaient avec un religieux intérêt, les jours où il n'y avait pas d'office, il parcourait les villages, rassemblait les habitants dans la maison principale, et, après la récitation du chapelet et de la prière, leur adressait quelques paroles.

En 1875, voulant, à l'occasion du Jubilé, procurer à sa paroisse tous les avantages d'une mission, il demanda et obtint deux Oblats. Presque tous les habitants de Corancy répondirent à l'appel des bons religieux et du zélé pasteur. M. Bion, pour conserver le souvenir d'un acte aussi important, fit placer sur l'ancien cimetière qui entoure l'église une grande et belle statue de Jésus docteur. Mgr de Ladoue la bénit solennellement quelques mois plus tard et daigna accorder quarante jours d'indulgence aux personnes qui réciteraient un *Pater* en passant auprès d'elle.

Pouvons-nous oublier le soin que mettait le curé de Corancy à visiter ses malades ? Avec les consolations de son ministère, il savait leur apporter d'utiles conseils et leur procurer de salutaires remèdes. Par ces moyens, et sans qu'il s'en aperçût, il grandissait dans l'estime et l'affection de ses bons paroissiens.

Nous voici arrivé à l'œuvre qui fut la dernière, mais aussi la plus importante de l'abbé Bion. A l'exemple de son oncle qui, pendant vingt-cinq ans, ne passa pas un jour sans demander au saint-autel sa belle église de Lormes, il demanda la réparation de l'église de Corancy. Déjà il s'était occupé de l'embellir ; mais ce n'était pas assez pour son zèle : il avait formé le dessein de la réparer presque entièrement. Son influence, ses mérites, l'intérêt qu'il savait inspirer, lui firent trouver bientôt une somme suffisante pour commencer les premiers travaux, continués depuis et sur le point d'arriver à bonne fin.

Il eût aussi désiré avoir des sœurs. Toutes les difficultés matérielles étaient tranchées ; mais on crut devoir remettre à une époque plus opportune l'exécution de ce projet. Espérons que, du haut du ciel, le curé de Corancy protégera et bénira cette œuvre qui lui était si chère.

Le 30 septembre 1875, Mgr de Ladoue demandait à l'abbé Bion d'accepter la direction du clos Saint-Joseph. Que l'on juge de son étonnement et de sa douleur à cette proposition. Il partit immédiatement pour Nevers, laissant derrière lui des paroissiens tout inquiets d'un départ dont ils devinaient la cause ; plusieurs même firent le pèlerinage de Faubouloin, pour demander à la sainte Vierge de leur conserver leur pasteur.

Monseigneur accepta les raisons du curé de Corancy. On pouvait donc croire cette affaire terminée, et l'abbé Bion quittait Nevers plus tranquille qu'à son arrivée, lorsque deux ou trois jours après il recevait ces quelques lignes : « J'ai essayé de » toutes les combinaisons ; aucune n'a réussi. Je » viens donc renouveler mon instante prière et vous » demander de m'aider à soutenir cette œuvre » capitale. »

La lettre était adresssée à M. l'abbé Bion, *directeur du clos Saint-Joseph.*

Comment celui-ci, dont le sacrifice était fait, parvint-il à éviter un fardeau dont la seule pensée l'effrayait ? Quelles raisons déterminèrent Monseigneur à changer d'avis ? Nous l'ignorons. Sans doute Notre-Dame de Faubouloin s'était laissé toucher, et l'abbé Bion revint à Corancy, mais ce ne fut pas pour longtemps.

Avant de parler de son nouveau et dernier poste, disons un mot des talents si remarquables et des belles qualités de cette âme que tous ont admirée, mais que ceux-là seulement ont bien connue qui l'ont approchée de plus près.

III.

Au jour des funérailles de M. l'abbé Bion, une voix éloquente, retraçant en termes émus les vertus du regretté défunt, lui appliquait ces paroles du livre des Proverbes (1) : *Cor sapientis erudiet os*

---

(1) *Semaine religieuse* du 21 juin 1879.

ejus et labiis ejus addet gratiam: « Le cœur de » l'homme sage enrichira sa langue et répandra » la grâce sur ses lèvres. » On ne pouvait mieux faire l'éloge de notre cher supérieur, l'éloge de son cœur sage et prudent, de son intelligence si riche et de sa science si étendue, l'éloge de son imagination, qui rendait sa parole si charmante, son style si gracieux: *Et labiis ejus addet gratiam* (1).

Tous ceux qui ont connu M. l'abbé Bion ont admiré chez lui cet esprit d'élite, si vif et si délié, « aimant d'un même amour les sommets et les pro» fondeurs, l'ensemble et les nuances, les études » arides comme les pages pleines d'onction (2). » Mais ce qui nous frappait davantage que son intelligence, ce que nous admirions encore plus, c'était cette qualité que le bon Dieu lui avait départie dans une large mesure et qu'il avait développée par le travail. Nous voulons parler de son imagination: imagination fraîche et belle, féconde et originale, qui savait se prêter à tous les genres, embellir tous les sujets.

---

(1) *Semaine religieuse* du 21 juin 1879.
(2) *Idem.*

L'abbé Bion avait vraiment la passion de l'étude. Il laisse un grand nombre de manuscrits, cahiers de théologie, résumés d'auteurs, notes, sermons, poésies, sans parler de nombreux articles qu'il publiait dans une feuille religieuse, dont il fut un des rédacteurs les plus sérieux et les plus distingués. Tantôt, s'inspirant des circonstances présentes, il écrivait de grandes et magnifiques pages sur les besoins de la société; tantôt, cédant à son attrait pour le symbolisme, il livrait aux lecteurs du *Rosier de Marie* d'originales et charmantes méditations sur *Un Grain de Blé*, *Une Feuille de Rose*, *Une Goutte de Lait*, *Un Rayon de Soleil*, *Une Fleur de Lis*. Son plus beau travail en ce genre est *la Parole humaine;* il avait l'intention de le publier en volume. Sur tous ces sujets, il faisait entrevoir des aperçus ingénieux et nouveaux; il montrait des rapprochements appuyés non pas sur des sentiments plus ou moins fantaisistes, mais tirés d'auteurs sérieux et approfondis, et sous ce rapport Corneille Lapierre avait toutes ses prédilections.

Plusieurs fois on l'engagea à publier les deux mois de Marie qu'il a composés, dont l'un, traité d'une manière neuve et pratique, a pour titre : *les Heures du mois de Marie*.

Nous n'avons encore rien dit de ses principaux ouvrages. Le premier est sans contredit *le Monde de l'Eucharistie*, qu'il voulut dédier à son oncle, et dont les premières épreuves lui arrivèrent le jour de la mort du curé de Lormes. Il reçut à cette occasion d'utiles et précieuses approbations. Mgr Forcade, Mgr d'Arras s'empressaient de louer l'abondance d'érudition, l'exactitude de la doctrine, la richesse d'imagination avec laquelle l'auteur avait saisi et fait ressortir tant de rapports curieux et intéressants qui existent entre le Saint-Sacrement et les divers produits de la nature.

Mgr Pichenot lui écrivait que cet ouvrage laissait bien loin derrière lui *l'Evangile de l'Eucharistie*, et Mgr de La Bouillerie, le gracieux auteur du *Symbolisme de la nature*, lui adressait ces lignes flatteuses : « Cher Monsieur le Curé, à part un peu de jalousie, » tous mes sentiments personnels ne pouvaient être » qu'en parfait accord et avec le beau sujet que vous » avez choisi, et avec la méthode que vous avez » adoptée. C'est donc avec bonheur que je donne » à votre ouvrage une sorte de fraternelle appro- » bation et que je fais des vœux pour son légitime » succès. »

Le livre sur *l'Opportunité du culte de saint Joseph* fit suite au *Monde de l'Eucharistie*. Il offre, ainsi que le remarque Mgr de Ladoue dans son approbation, les grandes qualités qui distinguent les ouvrages précédents de son auteur. Il est plein d'onction et de piété, et au charme d'un style agréable sait joindre l'exposé sûr et approfondi de la doctrine catholique.

Il y a un an, l'abbé Bion publiait un *Mois du Sacré-Cœur* qu'il avait l'intention d'offrir à ses amis en échange d'une offrande pour une œuvre qui lui était chère. Cet ouvrage venait d'être livré à la publicité quand la mort est venue empêcher l'auteur d'exécuter entièrement son pieux projet. Malgré les légères incorrections d'une publication un peu trop hâtée par les circonstances, à plus d'une page ce petit livre nous découvre le talent, la piété de celui qui l'a composé. Les chapitres qui ont pour objet les tendresses du Cœur de Jésus pour les mères chrétiennes et les agonisants, ont excité l'admiration de plusieurs personnes et mérité bien des éloges.

Écrivain sérieux, doué pour la prédication d'un talent qui le faisait rechercher de ses confrères du voisinage, l'abbé Bion était aussi poète. Parmi les nombreuses et belles poésies qu'il a composées, les lecteurs de la *Semaine religieuse* ont pu lire deux charmantes pièces publiées autrefois. L'une a pour titre : *Un Écho de Lourdes*. C'est un souvenir de la première visite de Mgr de Ladoue au château d'Argoulais, où Sa Grandeur avait retrouvé dans une autre grotte Massabielle la belle et blanche image de l'Immaculée-Conception. L'autre est la cantate si justement applaudie au sacre de Mgr Cortet, à Paray-le-Monial.

Sa principale œuvre en ce genre est *le Martyre de saint Romain et de saint Barulas*, dont nous avons déjà dit un mot. Elle dénote le grand talent, la merveilleuse facilité de son auteur. Ces quatre cents vers ont été composés dans une soirée : pour être plus vrai, disons dans une nuit. On sait que l'abbé Bion avait le tort de prendre ordinairement sur son sommeil les heures que la fatigue aurait dû lui faire consacrer au repos. Peu soucieux de sa santé, il passait ainsi les longues veillées d'hiver dans un vaste appartement, souvent sans feu, et, que l'on nous permette ce détail, s'il ne voyait ni chaise ni fauteuil à sa portée, il se mettait à genoux et passait de cette manière de longues heures à écrire ou à composer.

Nous ne pouvons résister au désir de publier ici une pièce de vers latins faits par notre cher défunt quelques semaines avant sa mort, à l'occasion du passage à Saint-Romain de Mgr Lelong, évêque de Nevers, dont la visite lui avait ménagé d'utiles encouragements et de précieuses consolations. Ces vers nous paraissent offrir plus d'une analogie avec la vie de sacrifices et d'immolation de leur auteur, et serait-ce trop présumer de croire qu'en les écrivant, l'abbé Bion avait eu le cœur de se dévouer, généreuse et noble victime, pour assurer la victoire de ce qui lui était cher (1)?

---

(1) IDEO VICTOR QUIA VICTIMA.

Aurea linquit *uva* divitem
Turgida molli nectare vitem :
Prælo stridenti pressa læditur,
Undique musti cruor funditur;
Mox efficitur nobile vinum,
Corpora fovet, mentes hominum,
Christique sanguis fit et anima
Ideo victor quia victima.

Frumenti *granum* terra moritur,
Culmo virenti vere nascitur,
Flagellum grave quæ mox elidit
Confractum saxo munera pandit,
Cœlo terræque cibus utilis,
Jungit Hostia, res mirabilis,
Homini Deum et summis ima,
Ideo victor quia victima.

Vides ut triste viret vacua,
Silvestris *arbor* fructu vidua,
Olitor frondes sine decore,
Effuso rami quasi cruore,
Falce ferreâ secando premit
Quæ vulneribus plurimis emit,
En poma lignum dat pulcherrima,
Ideo victor quia victima.

Après avoir parlé des talents du supérieur de Saint-Romain, nous pourrions parler plus longuement de ses vertus. Mais tout ce que nous avons dit du vicaire de Lormes et du curé de Corancy, tout ce que nous dirons encore nous a montré et nous montrera sa piété, son humilité, son zèle et son amour des âmes.

Animé d'une grande dévotion envers le Saint-Sacrement, il ne passait aucun jour sans aller visiter Notre-Seigneur présent dans l'Eucharistie. Une personne disait autrefois du jeune vicaire de Lormes : « M. l'Abbé m'édifie par la manière

---

Quam premit altos corde dolores
Scholarum longos inter labores,
Quam sæpe gemit, amans ludorum,
Nimis pertæsus *puer* librorum !
Heu ! macte puer ! jam qui te pascit,
Labor improbus omnia vincit,
Rumpe moras ! sic itur ad summa !
Ideo victor quia victima.

Christus germinans uva virgines,
Cœli frumentum alens homines,
Velut in molà duro stipite,
Corpus frangendum præbuit mite,
Sed redivivus, funera frangit,
Rutilans novo splendore surgit ;
Præmia nobis spargens optima :
Ideo victor quia victima.

» dont je lui vois faire sa visite et le chemin de la » croix. » Il accomplissait cette pieuse pratique régulièrement toutes les semaines.

Nous avons déjà eu l'occasion de signaler son amour pour la sainte Vierge. Deux fois il eut le bonheur de faire le pélerinage de Notre-Dame de Lourdes. Trois mois avant sa mort, il y accompagnait son oncle, religieux de la Miséricorde. Touchant détail de la piété de l'abbé Bion! Tandis que d'autres pélerins aimaient à pénétrer

---

Quibus te dignis feram laudibus,
Stephane martyr? te lapidibus
Aemulum necis Christi furentes
Vitæ prodigum obruunt hostes,
Vulnere ruis; sed rides lethum,
Deus te cingit coronâ laetum
Et regna subis felicissima
Ideo victor quia victima.

O Præsul alme, Niverni lumen,
Cui Stephani decus et nomen,
Tuum nos, Pater, docens canticum
Exere nobis illud cælicum :
« Romana domus, pace fruere,
» Curas et luctus obliviscere,
» Verba loquere Patris optima :
» *Ideo victor quia victima.* »

(22 mai 1879).

dans l'intérieur de la grotte des apparitions, lui restait en dehors, à quelques pas plus loin ; c'est que son cœur le portait à s'agenouiller à l'endroit où, comme le prouve une inscription gravée sur la pierre, Bernadette aperçut pour la première fois l'Immaculée Conception.

Toujours prêt à s'oublier pour le bien du prochain, tantôt sous les dehors d'une nature gaie et ouverte, tantôt sous des apparences plus froides et plus pensives, il cachait les sentiments d'une amitié pleine de tendresse et les dévouements d'un cœur capable de tous les sacrifices.

Nous avons hâte d'arriver à cette partie de la vie du cher défunt, la plus courte, mais aussi la plus importante, son séjour à Saint-Romain.

IV.

C'est le dimanche 18 juin 1876 qu'il reçut de Mgr de Ladoue la première communication au sujet du nouveau poste que lui destinait Sa Grandeur. « C'est encore moi, disait le vénéré prélat, » qui viens faire appel à votre dévouement..... Je » sais que vous réunissez toutes les conditions et » que vous avez les qualités nécessaires pour faire

» réussir la fondation nouvelle. Je viens donc faire » appel à votre zèle et vous demander de m'aider » à réaliser une œuvre dont j'attends les plus heu- » reux résultats. »

Il faudrait lire la lettre que M. Bion écrivit à Monseigneur en réponse à la précédente, et toutes celles qui suivirent, pour voir que l'obéissance seule décida le curé de Corancy à devenir le premier supérieur de l'institution Saint-Romain. Le bon Dieu d'ailleurs le récompensa de ce premier sacrifice en aplanissant toutes les difficultés qui, dans le principe, auraient pu empêcher ou entraver l'œuvre naissante.

Dès les premiers jours de juillet le nouveau supérieur se mettait à l'œuvre. Il fallait en quelques semaines trouver un local convenable, faire les réparations nécessaires, tout organiser en un mot pour la rentrée prochaine.

Le 4 septembre, il prenait, avec ses collaborateurs, possession de la maison. Laissons ici l'abbé Bion parler lui-même :

« C'était le lundi 4 septembre 1876. Saint- » Romain n'existait que de nom et d'espérance, et » nous prenions pour la première fois possession » de la maison. Nous étions là dans notre collége » encore désert et sans meubles, et nous regardions » un avenir de dévouement et de labeur avec » alarmes et notre passé tranquille avec regrets.

» Ce jour-là, notre diocèse célébrait la fête trans-
» férée de saint Joseph Calasanz, que l'on peut
» nommer le patron des professeurs, car c'est
» dans l'éducation de la jeunesse, les soins même
» matériels des colléges qu'il s'est sanctifié.

» L'évangile du jour commençait par ces mots :
« Laissez venir à moi les enfants, » et la légende
» de notre Bréviaire finissait ainsi :

« Il l'emporte sur tous les peintres et tous les
» statuaires, celui qui travaille à former l'esprit et
» le cœur des jeunes gens. »

» Ce fut pour nous un encouragement. Cette
» parole d'un docteur et d'un saint éleva notre
» courage à la hauteur de notre mission. A vous,
» parents de nos chers enfants, à vous de nous
» dire si le succès a égalé notre courage (1). »

Le même jour, l'abbé Bion plaçait sur toutes les salles de l'établissement, avec une image du Sacré-Cœur, la médaille de saint Joseph et celle de saint Benoît, et mettait l'institution sous le patronage de saint Romain et de saint Barulas.
« Pourquoi nous les avons choisis comme pro-
» tecteurs de cette institution, vous le comprenez
» facilement. Saint Romain est le patron de cette
» vieille cité : ses reliques en font la gloire. De

(1) Discours de distribution de prix, le 30 juillet 1877.

» plus, saint Romain était l'ami des enfants. » Comme Jésus, il les aimait, il les instruisait, il » les élevait. En lui nous voyons le patron des » professeurs, et dans le courageux enfant Barulas » le patron des jeunes élèves, assez savants et » assez fermes pour répondre : C'est ma mère » qui m'a appris ces choses, et c'est Dieu qui les » a apprises à ma mère (1). »

C'est le dimanche 24 septembre qu'il fit ses adieux à ses paroissiens de Corancy. S'inspirant d'un texte de saint Paul, il leur adressait ces paroles des Actes des apôtres : « Lorsque saint » Paul partit de Milet pour Éphèse, il rassembla » les vieillards de son église et leur dit : Vous » savez comment je me suis toujours conduit avec » vous depuis mon entrée en Asie, comment je » ne vous ai rien caché des vérités de la religion » que je devais vous annoncer, vous les enseignant » en public et dans vos demeures, prêchant aux » Juifs et aux Gentils la pénitence et la foi en » Notre-Seigneur.

» Et voici que je pars pour Jérusalem, ignorant » ce qui m'y attend, sinon que le Saint-Esprit » m'assure que j'y trouverai des larmes et des

---

(1) Discours de prix, 1er août 1878.

» souffrances. » Admirable et triste pressentiment de l'avenir !

Le lundi 2 octobre eut lieu la première rentrée de Saint-Romain. L'abbé Bion avait tenu à placer son œuvre sous la protection des saints anges gardiens, pour lesquels il eut toujours une grande dévotion.

Quelques jours après, Mgr de Ladoue venait solennellement et « au nom de l'Église » prendre possession de la maison. Il en bénissait toutes les salles, et à la prière du supérieur, en particulier, la cour des récréations Le même jour, il célébrait la sainte messe dans la chapelle de l'établissement, assisté de M. l'abbé Dubarbier, vicaire général, et de M. l'Archiprêtre de Château-Chinon, heureux de voir se réaliser dans sa paroisse une œuvre dont le premier il avait eu la pensée et le désir.

Voulant récompenser l'obéissance et le dévouement de M. Bion, Monseigneur le nomma chanoine honoraire. Ce fut une occasion d'éclater pour les plus précieux témoignages de sympathies. Quelques échos en apportèrent à Saint-Romain des expressions vraiment touchantes et qui attestaient la tendre admiration dont l'abbé Bion était l'objet parmi ceux au milieu desquels il avait plus longtemps vécu. Un habitant de Lormes n'avait pas craint d'aller épancher son cœur à l'évêché et de dire : « Monseigneur, je vous remer-

» cie, *au nom des Lormois*, de la haute distinction » accordée au nouveau supérieur de Saint-» Romain. »

Le bon Dieu encouragea visiblement les efforts de M. Bion et de ses professeurs. A peine à son berceau, l'institution comptait déjà une trentaine de pensionnaires, et les promesses pour l'avenir s'offraient non moins nombreuses que les adhésions sympathiques du présent. Ces espérances n'ont pas été trompées : le nombre des pensionnaires a doublé, celui des externes a augmenté, et à la fin de la première année il fallait songer à agrandir un local dès-lors insuffisant.

S'occupant activement de ses devoirs de supérieur, l'abbé Bion, pour alléger la charge de ses collègues, se fit en même temps professeur. Jamais il n'a reculé devant le travail, et si quelque circonstance obligeait à un surcroît d'occupations, on sait qu'il en prenait toujours la part la plus large et la plus pénible.

Parlant peu, réfléchissant beaucoup, il était parfois lent à prendre une décision ; mais s'il agissait ainsi, c'était par vertu et par défiance de lui-même, car sa nature vive et ardente l'eût plutôt porté au défaut contraire. Il avait hérité de la maxime favorite du curé de Lormes, et il la méditait souvent : *Le difficile n'est pas de faire son devoir, c'est de le connaître.*

Plusieurs fois son humilité et sa modestie l'engagèrent à se démettre d'un fardeau qu'il sentait trop lourd; mais il devenait confiant et résigné devant le désir de ses supérieurs, où il voyait la volonté de Dieu.

S'efforçant surtout de répondre à l'attente et à la confiance des parents, il travaillait à développer chez les enfants l'amour de l'étude, et sur ce point il se montrait ferme et sévère, mais, en même temps, il savait leur procurer d'agréables délassements. Personne plus que lui n'excellait à organiser ces petites fêtes de famille dont il était l'âme. Délicieuses journées passées à Saint-Romain, fêtes patronales, grandes promenades, première messe d'un professeur, premières communions surtout, vous resterez toujours dans le souvenir de ces enfants comme le témoignage de l'affection du père qui les leur a préparées !

Il aimait à faire connaître et à honorer les saints protecteurs de son institution. Il préparait les matériaux et avait déjà commencé d'écrire la vie de saint Romain, quand la mort a fait tomber la plume de ses mains. Il voulait, disait-il, laisser ce livre à ses chers enfants, comme un souvenir et un adieu.

V.

Depuis quelques semaines, notre cher supérieur était plus fatigué; toujours courageux, il ne fit pas attention à ce malaise, qui devait trop tôt prendre des proportions si graves. Le départ de trois de ses professeurs pour l'ordination et la retraite qui la précède vint encore ajouter à ses occupations déjà trop multiples. Le jeudi 5 juin, l'abbé Bion était obligé de garder la chambre; il n'en devait plus descendre qu'une fois; ce fut le lendemain, pour donner aux enfants qui devaient faire leur première communion quinze jours plus tard une dernière leçon de catéchisme.

Le samedi 7 juin, les souffrances devinrent plus vives. Le médecin, appelé en toute hâte, appliqua un traitement des plus énergiques, qui parvint à procurer un si grand soulagement que les jours suivants offraient plutôt le caractère d'une indisposition passagère que d'une maladie sérieuse. Les craintes de notre bon docteur qui, sans en être certain, redoutait un abcès intestinal que rien ne rendait apparent, s'étaient presque dissipées.

Hélas ! le danger était là, plus proche et plus menaçant que jamais. « Le Seigneur voulait à lui » cette âme qu'il avait préparée pour le ciel parmi » les sacrifices de ces dernières années. Le triom- » phe de la mort était d'ailleurs bien facile sur ce » pauvre corps si peu soucieux de lui-même, et » les préoccupations habituelles de cette âme » étaient comme deux ailes toujours étendues et » montant vers le ciel (1). »

Le jeudi 12 juin, fête du Saint-Sacrement, M. Bion se sentit bien mieux et put réciter tout son Bréviaire. Nous osions déjà prononcer le mot de convalescence, quand tout-à-coup, vers le soir, se déclare une crise des plus violentes et des plus douloureuses. Les médecins constatent que l'abcès tant redouté s'est ouvert à l'intérieur. Le poison se répand dans tout le corps, et le malade endure toutes les souffrances d'une péritonite aiguë.

M. l'Archiprêtre de Château-Chinon accourt, il administre le sacrement de Pénitence au cher malade, qui s'était déjà confessé la veille ; il lui propose le Saint-Viatique, mais M. l'abbé Bion préfère attendre, dans la crainte des vomissements dont il sent déjà les premières atteintes. Il demande et reçoit aussitôt l'Extrême-Onction. Tout le temps

(1) Lettre écrite à l'occasion de la mort de M. Bion.

de la cérémonie, pendant que le prêtre donnait à ces membres déjà glacés leur dernier lustre et leur dernière parure, nous avions peine à retenir nos larmes; mais lui, il était calme, tranquille, simple dans cette suprême action comme dans toutes celles de sa vie.

C'était un beau jour pour mourir; dans cette fête de l'Eucharistie, qui est aussi la fête du Cœur de Jésus, puisqu'elle est celle de son amour, le chantre de l'Eucharistie et du Sacré-Cœur eût trouvé au ciel un prompt et facile accueil; mais, par une délicate attention, le même Jésus voulait réserver à sa sainte Mère d'introduire dans la gloire, le samedi suivant, le prêtre qui avait tant aimé et publié Marie.

La nuit se passe dans de vives douleurs; le matin, les souffrances semblent disparaître et le malade peut recevoir le Saint-Viatique; mais la faiblesse devient plus grande; il a peine à respirer; constamment il baigne dans l'eau froide ses mains extérieurement glacées, mais que dévorent les ardeurs d'une fièvre intérieure.

Comment peindre toutes nos mortelles angoisses pendant cette journée du 13 juin? Le médecin avait dit: « Nous allons avoir la douleur de le » perdre. » Quelle n'était pas notre désolation en voyant s'en aller cette vie si précieuse et si chère! Heures de tristesse profonde et de sombres pressentiments dont le souvenir nous est peut-être plus poignant que l'amère séparation qui les a suivies !

Et pourtant, alors, il nous était encore donné de le voir ; nous pouvions entendre sa voix aimée, sa main pouvait toujours presser la nôtre ; mais maintenant, ô mon Dieu !

Cependant notre confiance était grande au Sacré-Cœur et à la sainte Vierge. Tour à tour les enfants de Saint-Romain venaient se prosterner devant le Saint-Sacrement et demander de conserver à leur affection ce père tant aimé. Les communautés religieuses de la ville s'unissaient à nos intentions. Au Carmel de Nevers, à celui d'Autun, au grand séminaire, à Notre-Dame des Victoire, à Issoudun, des prières étaient adressées pour notre cher malade. De pieuses promesses étaient faites en l'honneur du Sacré-Cœur et de Notre-Dame de Faubouloin, sans parler de sacrifices personnels, plus intimes, dont Dieu seul connaîtra le pieux secret.

La triste nouvelle s'était vite répandue dans les environs et même plus loin. A Lormes, la consternation était grande, et à chaque moment on venait auprès des personnes que l'on savait particulièrement liées avec M. Bion prendre de plus amples informations.

Un grand nombre de personnes visitèrent pendant cette journée le vénéré malade. Vers le soir, la Providence lui ménagea aussi, avec les soins d'une tante affectionnée, la visite de plusieurs amis intimes. M. l'abbé Rabier, chancelier de l'évêché, M. l'abbé Imbert, curé de Saint-Martin-du-Puy, M. Alex. Teste, directeur du cercle catholique de Lormes, venaient lui porter, avec leurs consolations, le témoignage d'une amitié commencée dès l'enfance, cimentée au lit de l'agonie et maintenant consacrée par la mort.

Que dire aussi du dévouement de ses collaborateurs et de ses amis de Château-Chinon ! Par leurs soins assidus, leurs veilles et leurs nuits passées sans sommeil, ils eussent voulu arracher à la mort leur père et leur ami. Pénétrés de cette touchante et pieuse pensée de l'auteur de la *Journée des malades*, que la mort d'un prêtre est pour ainsi dire sa dernière messe, ils n'approchaient qu'avec un pieux respect de ce lit de douleur, disons plutôt de cet autel, où leur bien-aimé supérieur paraissait offrir son dernier sacrifice. Il y eut, en cette occasion, bien des dévouements, dont chacun a admiré l'étendue, mais qui n'ont surpris personne, car on savait qu'ils partaient du cœur de ces anges de la terre qu'on nomme des sœurs de charité. Qu'il nous soit permis d'en exprimer à tous, professeurs, religieuses, amis, l'hommage de notre reconnaissance et de leur redire ce mot qui sera leur récompense et leur consolation : « Si la mort pouvait

» reculer devant la tendresse fraternelle et filiale, » elle n'eût certes pas franchi le seuil de Saint- » Romain (1)! »

Reconnaissant pour tous les témoignages d'intérêt qui lui étaient prodigués, calme et patient au milieu de ses souffrances, le cher malade portait souvent à ses lèvres une image des reliques des Pères Jésuites martyrisés pendant la Commune. « Demandez au bon Dieu, » nous répétait-il, « que les souffrances ne reviennent pas, on est » trop exposé à manquer de patience. »

Vers le soir, il reçut de précieuses marques de sympathie. Mgr Lelong, évêque de Nevers, lui envoyait sa paternelle bénédiction, et déjà Mgr Cortet avait, avec la même faveur, envoyé à son cher élève d'autrefois l'assurance de son affectueuse compassion. La main défaillante du malade, tandis qu'il lisait ces précieuses dépêches, voulut tracer encore le signe de la croix.

La nuit n'amène aucun soulagement, la faiblesse augmente, l'agonie va commencer. Autour du lit sont prosternés les professeurs de Saint-Romain, les amis venus de Nevers, de Lormes et de Corancy. Le malade conserve sa pleine connaissance et peut

---

(1) *Semaine religieuse* du 21 juin 1879. Allocution de M. l'abbé Dubarbier, vicaire général.

répondre aux aspirations qui lui sont suggérées par un des prêtres présents; il redit souvent l'oraison jaculatoire : « Mon Jésus, miséricorde! » Pendant la récitation des litanies, il devance les invocations pour arriver à celle qu'il aime tant : « Mère de la divine grâce, priez pour nous! »

M. l'Archiprêtre lui donne une dernière absolution et récite pour la seconde fois les prières de la recommandation de l'âme. Le pieux malade avait reçu l'avant-veille l'indulgence plénière accordée aux tertiaires de saint François dont il portait sur lui l'austère et sainte livrée.

Le moment de la séparation est venu; le pauvre agonisant, après un signe d'adieu à ses amis, fait approcher de lui son frère que huit jours auparavant il a eu la consolation de voir engagé par le sous-diaconat au service des autels, lui donne une dernière bénédiction, met sa main dans la sienne; il l'a à peine retirée que son âme s'est envolée vers Dieu.

VI.

Quelques instants après, le corps de notre bien-aimé supérieur est exposé dans un appartement transformé en chapelle ardente. Des mains pieuses et habiles ornent cette chambre mortuaire et le lit de parade où repose le défunt, revêtu de l'étole violette et de son costume de chanoine. Pauvre cher abbé! Il paraissait plutôt endormi que mort, et semblait contempler avec intérêt ceux qu'il avait tant aimés.

La messe de *Requiem* commence, chantée par un des professeurs; puis chacun vient à son tour prier devant ces restes inanimés. Pendant toute cette journée du samedi et celle du lendemain, la foule ne cessa pas un instant; on voulait voir une dernière fois ce visage aussi naturel que pendant sa vie, faire toucher des objets de piété, prier pour le repos de cette âme qu'on se surprenait soi-même à prier.

Le lundi matin, 16 juin, à dix heures, se célèbre la cérémonie des funérailles (1).

Soixante-dix prêtres environ étaient accourus, et plusieurs des points les plus reculés du diocèse. Depuis la mort de Mgr de Ladoue l'on n'avait point vu à un enterrement pareille assistance du clergé nivernais. Nous avons remarqué M. le chanoine Lhéritier, M. le Supérieur de Saint-Cyr,

---

(1) Nous reproduisons ici, en les complétant, les détails donnés dans un article du *Conservateur*.

MM. les Doyens de Corbigny, Châtillon, Guérigny, Larochemillay, le R. P. Douce, etc.

Quarante personnes étaient venues de Lormes, où M. l'abbé Bion avait été longtemps vicaire. Ce nombre eût été plus grand encore, si les moyens de communication avaient été plus faciles, et puis, les Lormois pensaient voir ramener à Lormes le corps de leur ami. Ils eussent été heureux de posséder sa tombe, et déjà ils avaient commencé les démarches nécessaires.

Les paroissiens de Corancy étaient là en grand nombre; les habitants de Château-Chinon montraient aussi, par leur assistance, qu'ils avaient su apprécier le prêtre éminent que leur ville avait le bonheur de posséder.

Mais ce qui touchait le plus, c'était la vue des élèves de Saint-Romain. Pauvres chers enfants! ils s'en allaient le crêpe au bras, un bouquet à la main et les abondantes larmes dans les yeux! Ces soixante enfants nous paraissaient soixante orphelins.

M. l'Archiprêtre de Château-Chinon officiait. Les deux familles du défunt, la famille du sang et la famille adoptive de Saint-Romain, menaient le deuil; puis venaient les Lormois, conduits par M. l'abbé Rabier et M. l'abbé Lemoine. Six ans auparavant, ils avaient déjà conduit un autre deuil non moins cruel; alors s'était joint à eux un des fidèles amis de l'abbé Bion, le R. P. Seguin, que l'obéissance retenait aujourd'hui à Troyes, mais qui nous envoyait de loin toutes les sympathies de son cœur brisé. Le cercueil était porté tantôt par des prêtres, élèves, condisciples ou amis du défunt, tantôt par les membres du cercle catholique de Lormes, heureux de lui rendre ce suprême hommage. Dans l'assistance on remarquait M. le vicomte de Chabannes, M. le baron d'Authume, M. de Chambure, M. de Champs, M. de Saint-Péreuse, M. Chartron, conseiller d'arrondissement, etc.

En tête du cortége marchait la société de Saint-François-Xavier avec sa bannière en deuil. Dignement conduits par leur vice-président, les sociétaires tenaient à montrer ainsi leur reconnaissance au prêtre distingué qu'ils étaient heureux de compter parmi leurs membres honoraires et qui, à plusieurs fois, sut mettre à leur disposition les ressources de son savoir et de son éloquence (1).

Après l'office, M. l'abbé Dubarbier, vicaire général, venu au nom de Monseigneur, monta en chaire. Il trouva dans son cœur d'émouvantes

---

(1) Assemblée générale 1878. Rapport de M. le Vice-Président.

paroles sur cette manifestation. Pour quelques instants il fit revivre avec éloquence devant nous le bien-aimé défunt dans le charme profond de ses qualités, dans la douce et austère beauté de ses vertus.

Nous reproduisons ici le texte du discours de M. le Vicaire Général :

« Mes Frères,

« La mort, qui frappe tous les jours, se réserve
» néanmoins pour certaines heures des coups qui
» nous jettent dans des douleurs plus profondes et
» de plus étranges étonnements.

» Quand elle s'attaque à un ensemble de senti-
» ments plus délicats et plus vifs, quand elle nous
» dépouille prématurément de certaines vies qui
» pour nous étaient un double trésor, parce que
» les réalités du présent y faisaient surabonder les
» espérances de l'avenir, alors sa main glacée
» nous paraît plus audacieuse et plus cruelle que
» de coutume.

» Au sens humain, hélas! nous sommes
» contraints de confesser que son triomphe est
» grand aujourd'hui dans le milieu de nos affec-
» tions et de nos plus précieux intérêts, parce

» qu'elle a bouleversé et déchiré plus de cœurs, » parce qu'elle a enseveli plus de richesses.

» Ces chers enfants de Saint-Romain sont » aujourd'hui, dans la signification la plus élevée » de ce mot, — car il se rapporte à une paternité » d'un ordre plus sublime, — des orphelins qui » pleurent un père. Ces âmes tendres s'entr'ou- » vraient avec tant de confiance et de joie sous » cette main si industrieuse et si douce! Hier, » c'étaient les aînés qu'il avait enfantés à la vie » eucharistique; et déjà il dressait la table de » première communion où les plus jeunes allaient » s'agenouiller demain... Oh! comme ces enfants » se rappelleront toujours quelles amertumes » renferment les séparations de la mort: *Siccine* » *separat amara mors* (1)?

» Ceux qui ont partagé les labeurs et les soucis » de la dernière tâche que la Providence lui confia » sentent leurs yeux obscurcis par les larmes des » regrets et parce que la mort est venue éteindre » la lumière de leur maison. Leurs angoisses, leur » empressement, leurs prières et leurs veilles » l'entouraient d'amour sur son lit de souffrance; » et si la mort reculait devant la tendresse frater-

(1) I, Reg., xv, 32.

» nelle et filiale, elle n'eût pas franchi le seuil de
» Saint-Romain. Le souvenir de celui qui n'est
» plus, ses exemples, les bénédictions qu'il obtien-
» dra de Dieu seront là pour fortifier leurs âmes
» et les aider à poursuivre vaillamment l'œuvre
» qu'ils faisaient ensemble.

» Oserai-je parler de ceux qui portent son nom
» et qui sont plus particulièrement meurtris devant
» ce cercueil ? Que la miséricorde de Dieu les
» soutienne sous cette pesante croix ! Et qu'ils
» puissent trouver quelque consolation à voir
» combien nous regrettons tous avec eux celui que
» tous nous avons perdu.

» Ses élèves d'autrefois, ses condisciples, ses
» maîtres, ses confrères du saint ministère, ses
» fidèles et tendres amis de Lormes qui ont réclamé
» la consolation de porter aussi son cercueil, et dont
» l'ambition plus intime — me permettent-ils de
» révéler le désir de leur cœur ? — eût été d'em-
» porter sa dépouille à Lormes, pour qu'il dormît
» son dernier sommeil à côté même de cette tombe
» sacerdotale, toujours si justement vénérée, sous
» laquelle repose celui qui fut son second père ;
» ses paroissiens de Corancy, qui lui demeurèrent
» si reconnaissants et si attachés ; ces habitants et
» ce clergé de Château-Chinon, qui le regardaient,
» à bon droit, comme un honneur pour leur
» église et pour leur cité ; ces familles amies du

» voisinage, qui savaient qu'elles pouvaient toujours compter sur lui pour donner de l'éclat à leurs fêtes, et surtout des compassions à leurs douleurs : dans cet immense concours les regrets sont unanimes, le même deuil pèse sur tous : *Siccine separat amara mors ?*

» Mais ce coup de la mort monte plus haut et va plus loin ; et si notre foi intelligente sait prêter une oreille attentive, elle entendra comme les gémissements de l'Église notre mère autour de ce cercueil ; et c'est au nom de mon évêque que je suis venu apporter ici l'expression publique du deuil de son cœur et du deuil de tout le diocèse.

» Ces regrets, partagés si douloureusement par tant de cœurs à la fois, vous savez, M. F., s'ils sont légitimes et s'ils étaient grands et variés les trésors que ce jour fait disparaître. Il me semble que la parole sainte s'était vérifiée en lui : *Cor sapientis erudiet os ejus* : « Le cœur de l'homme sage enrichira sa langue, » *et labiis ejus addet gratiam*, « et répandra la grâce sur ses lèvres (1). » J'ose dire encore que ces autres paroles de l'Esprit de Dieu étaient devenues pour

(1) Prov., XVI, 23.

» lui comme un programme et qu'il s'était appli-
» qué à les réaliser à la lettre: *Florete flores quasi*
» *lilium:* « Portez des fleurs comme le lis, » et
» *date odorem*, « répandez des parfums, » et
» *frondete in gratiam*, « poussez des feuilles de
» grâce, » et *collaudate canticum*, « chantez des
» cantiques, » *et benedicite Dominum in operibus*
» *suis,* « et bénissez le Seigneur dans ses ouvra-
» ges (1). » Je rappelle ces paroles non point pour
» les commenter, mais pour retracer devant vous,
» comme d'un seul coup de pinceau, ce qu'il y
» avait dans cette nature d'ascensions énergiques,
» de sève puissante et de végétation prodigieuse.

» Les ressorts multiples de cette intelligence
» fine, perçante, déliée et avide, n'ont échappé à
» aucun de ceux qui entrèrent en relations avec
» lui. Il aimait d'un même amour les sommets et
» les profondeurs, l'ensemble et les nuances, les
» études arides et les pages pleines d'onction. Ses
» travaux, néanmoins, furent toujours réglés
» selon la hiérarchie des diverses sciences et selon
» l'ordre de ses devoirs personnels. La vérité
» surnaturelle manifestée aux hommes par l'Eglise
» catholique, la théologie avec les sublimités de

(1) Eccl., XXXIX, 19.

» ses dogmes et les principes de sa morale, l'Écri-
» ture sainte, toutes les branches, en un mot,
» de la science ecclésiastique, furent constamment
» l'objet de ses préoccupations premières. Cette
» doctrine religieuse, il s'en était nourri sans
» déguisement : *Quam sine fictione didici* (1) ; il
» l'avait embrassée dans sa pureté native, sans la
» voiler ni l'amoindrir, ne se contentant pas
» d'effleurer les surfaces, mais *aimant à scruter*
» *les abîmes de Dieu* (2). Ces recherches, ces
» contemplations, ces jouissances à la fois intel-
» lectuelles et sanctifiantes remplissaient sa vie
» tant qu'elle fut plus solitaire : pour n'y point
» renoncer plus tard, il prit peut-être trop sur son
» sommeil et sur sa santé, quand des œuvres plus
» complexes ont absorbé ses heures du jour.

» Ce qu'il avait appris, il le communiquait aux
» autres sans envie : *et sine invidia communico* (3),
» c'est-à-dire sans préoccupation vaniteuse ou
» susceptible, avec une simplicité et une confiance
» où se peignaient la droiture et le désintéresse-
» ment de son âme. C'était tantôt la chaire, tantôt
» le tribunal sacré, tantôt les catéchismes si

(1) I Sap., VII, 13.
(2) I Cor., II, 10.
(3) Sap., VII, 13.

» lumineux et si attrayants même pour les plus
» petits, tantôt les pages d'une revue, tantôt les
» livres où se révélaient des qualités maîtresses :
« l'Esprit d'intelligence était en lui : » *Spiritu*
» *intelligentiæ replebit illum;* « et il répandait
» comme des pluies les paroles inspirées par ses
» études « : *et ipse tanquam imbres mittet eloquia*
» *sapientiæ suæ* (1).

» Cette sagesse « dont le trésor est infini (2) »
» lui avait rendu facile l'accès de toutes les sciences
» d'un ordre inférieur. On peut dire que sa
» curiosité active avait frappé à toutes les portes
» et que sa persévérance infatigable avait cueilli
» des fruits ou des fleurs sur toutes les branches
» du savoir humain; il avait voulu connaître et
» toucher de sa main chacun des anneaux de cette
» immense chaîne qui, à travers les degrés des
» ordres superposés, relie le grain de sable au
» mystère de la Trinité sainte. Les caractères que
» je signale éclatent à ne s'y pouvoir point mé-
» prendre dans son beau livre sur l'Eucharistie.

» Son cœur était bien fait pour entrer en har-
» monie avec cette belle intelligence. C'était le
» cœur de l'ami, plein de force et de mansuétude,

---

(1) Eccl., XXXIX, 8, 9.
(2) Sap., VII, 14.

» de condescendance et de dévouement ; c'était le » cœur de l'homme charitable, prenant plaisir à » s'oublier pour donner secours aux autres ; c'était » surtout le cœur du prêtre, cherchant en toutes » choses un bien supérieur aux biens de ce » monde.

» Sa piété était le rempart qui protégeait la mo» destie de ses talents et la source où se retrempait » sa vigueur pour le travail. C'est elle qui conserva » l'humilité dans sa vie, cette humilité dont le » témoignage a été si édifiant jusque sur son lit » de mort, alors qu'on l'entendit demander pardon » à ses collaborateurs, à tous ceux qu'il aurait pu » offenser, des peines qui leur seraient venues de » lui. C'est elle encore qui le garda patient, résigné, » plein de foi et tout abandonné à Dieu au milieu » des plus cruelles souffrances, et qui lui fit envi» sager la mort avec sérénité. C'est cette piété » surtout qui le maintint fidèle toute sa vie à ses » souvenirs et à ses affections du séminaire. La » nuit qui précéda sa mort, un ami accouru de » loin lui apportait quelques paroles consolantes » de la part de celui qui avait été son guide dans » sa préparation au sacerdoce. Un dernier éclair » brille dans ses yeux à ce nom qu'il aime : ce » regard jeté du bord de sa tombe sur son grand » séminaire semble lui faire mieux entrevoir le » vestibule du ciel ! Ce signe ne vous échappe pas,

» ô mes vénérés confrères dans le sacerdoce : aimer
» toujours son séminaire, c'est la marque exté-
» rieure d'une vertu qui a grandi avec les années.

» Le zèle en lui s'unissait à la piété ! Je veux
» parler du zèle qui se traduit par les œuvres et
» qui cherche à manifester l'autorité, le culte et
» la gloire de Dieu par tous les éléments dont on
» dispose : *et honestatem illius non abscondo* (1) ;
» il s'évertuait à faire briller au dehors la beauté
» de la religion catholique. Vicaire, curé, supé-
» rieur, il ne cessa pas d'être « la lampe luisante
» et ardente (2) » dont parlent nos saints livres,
» stimulant les volontés, imprimant l'essor, veil-
» lant, s'il le fallait, aux plus minces détails de
» l'organisation matérielle, tressant les couronnes
» de fleurs ou préparant les guirlandes pour ses
» églises ou sa chapelle des mêmes doigts qui
» venaient d'écrire le cantique pieux ou la page de
» théologie.

» Voilà, M. F., quelques-uns des trésors dont
» la mort, aujourd'hui, nous sépare : *Siccine*
» *separat amara mors ?*

» Ne demandez pas pourquoi Dieu semble s'être

---

(1) Sap., VII, 13.
(2) JOAN., V, 35.

» hâté de frapper un tel coup. Il peut nous appar-
» tenir seulement d'adorer sa volonté sainte ; et
» c'est aussi notre devoir de le bénir de ce qu'il
» avait daigné combler de tels dons celui que nous
» avons perdu. D'ailleurs, ne sommes-nous pas
» obligés de reconnaître qu'il avait déjà travaillé
» dans une mesure qui l'emporte de beaucoup sur
» la longueur de sa vie? Dieu lui avait donné une
» œuvre à accomplir, et sans doute que l'ouvrage
» confié dans les desseins éternels à cette intelli-
» gence et à ce cœur était désormais un ouvrage
» achevé : *Opus consummavi quod dedisti mihi ut*
» *faciam* (1). Cette parole du Maître peut convenir
» à ses bons serviteurs.

» Laissons-nous plutôt instruire par une telle
» vie et par une telle mort : elles nous exhortent à
» étudier la science de Dieu et celle de nos âmes
» avec plus d'amour, à faire fructifier les dons que
» nous avons reçus ; elles nous disent surtout qu'il
» faut se préparer à bien mourir, sans attendre les
» heures d'une vieillesse qui nous sera peut-être
» refusée.

» La grande consolation des chrétiens, c'est de
» se souvenir et de prier en un jour comme celui-
» ci. Nous venons de rappeler des souvenirs qui

---

(1) Joan., xvii, 4.

» nous émeuvent; continuons à répandre des » prières; mais qu'elles s'élèvent vers Dieu, sou- » tenues par les plus suaves espérances « Celui » qui en a instruit plusieurs (1), » « celui qui a » doublé les cinq talents que Dieu lui donna (2), » « celui dont le cœur a gardé la pureté et la con- » fiance qui sont la parure de ces enfants auxquels » le royaume du ciel est assuré (3), » celui-là aura » été bien accueilli par le Père céleste.

» Il plaira en outre à notre piété de remarquer » comme des insinuations divines dans les coïnci- » dences qui ont entouré cette mort : pendant » l'octave du Saint-Sacrement, durant le mois du » Sacré-Cœur, au matin de ce jour du samedi si » cher aux serviteurs de Marie : il avait écrit avec » amour et avec charme sur ces trois grandes » miséricordes; il s'endort protégé par ces souve- » nirs. Puis-je oublier ce recours suprême de son » âme à la Reine du ciel? Tandis que l'on priait » autour de lui, il demanda à plusieurs reprises » que l'on répétât par intervalles l'invocation : » *Mater divinæ gratiæ*. C'était un retour de son

---

(1) DAN., XII, 3.
(2) MATTH., XXV, 20, 21.
(3) *Ibid.*, XIX, 14.

» cœur vers la Vierge populaire de Faubouloin, » dans sa paroisse de Corancy, qu'il avait surtout » cherché à faire honorer sous ce titre de *Mère de » la divine grâce*. Aimons à penser aussi que saint » Joseph, à qui il appartient en propre de protéger » l'heure de la mort, aura secouru avec tendresse » celui qui avait écrit sur ses vertus, sa bonté et » sa puissance.

» Il y a peu des semaines il nous disait dans un » épanchement intime : « Je sens que j'ai besoin » d'un grand repos... » Maintenant qu'il est entré » dans le repos éternel, il me semble qu'il peut » nous adresser cette parole du Cantique des Can- » tiques : *Sub umbra illius quem desideraveram » sedi* (1) : « Je me repose à l'ombre et dans la » jouissance de tout ce que j'ai le plus aimé et le » plus désiré sur la terre ! » Prions pour lui, et, » à travers tous les deuils de ce monde, préparons, » par la sanctification de nos âmes, le bonheur qui » ne doit point finir. »

Après l'absoute, le corps fut conduit au cimetière. Sur la tombe non encore fermée, le clergé entonne une dernière prière. Pieux et touchant

(1) Cant., II, 3.

usage qui, sur la tombe d'un prêtre, fait chanter le *Salve Regina*. Il nous semblait maintenant que Notre-Dame de Corancy était là; elle répandait son doux et maternel sourire sur la tombe de son prêtre dévot et illuminait ce grand deuil des rayons des espérances d'en haut.

Les élèves de Saint-Romain jetèrent leurs bouquets avec leurs derniers adieux et leurs dernières prières sur le cercueil, et nous quittâmes le cimetière!

Ainsi se termina cette cérémonie funèbre, qui eut plutôt le caractère d'un triomphe que d'un deuil. Le même jour et ceux qui suivirent, de nombreux témoignages de sympathie, et parmi ceux-ci il nous en est de bien précieux, s'associaient à notre douleur. Plusieurs feuilles religieuses, le *Conservateur*, la *Semaine religieuse de Nevers*, celle de Sens, annonçaient la mort de notre cher défunt (1).

---

(1) Voici en quels termes le *Conservateur* annonçait la mort de M. l'abbé Bion :

« Le clergé du diocèse de Nevers vient de faire une bien
» grande perte. Après une maladie de quelques jours,
» mais qui s'est montrée très-menaçante dès les premières
» atteintes, M. l'abbé Bion, chanoine honoraire de Nevers,
» supérieur de l'institution Saint-Romain à Château-Chinon,

Nous aimons à reproduire ici les pages suivantes, qui n'étaient pas écrites d'abord pour paraître dans cette notice, mais que nous tenons à publier,

---

» est mort le samedi matin, 14 juin, à six heures du matin.
» Ses funérailles ont été célébrées le lundi 16.

» Par son intelligence si ouverte et si cultivée, par ses » travaux si riches de pensées et d'aspects gracieux, par » son cœur dévoué jusqu'au sacrifice, par sa piété édi- » fiante, M. Bion avait pris rang, sans que sa modestie » s'en doutât, parmi les prêtres les plus distingués du » diocèse.

» Il succombe à trente-huit ans, les mains pleines déjà » d'une belle moisson d'œuvres. *Le Monde de l'Eucharistie,* » *le Mois de saint Joseph, le Mois du Sacré-Cœur* — ce » dernier volume livré à peine il y a quelques semaines, — » accusent le sens doctrinal de l'auteur, ses connaissances » puisées aux meilleures sources, la souplesse de son » talent, la variété et l'abondance de ses conceptions ingé- » nieuses ; mais sous cette plume facile, qui parfois semble » courir, toujours se rencontrent les applications les plus » pratiques à la vie chrétienne.

» Le clergé de Nevers se rappelle que durant trois » années, dans les conférences centrales, M. Bion, par ses » rapports écrits, fut toujours des premiers montant à » l'assaut des questions les plus ardues, analysant ou » résumant les théories, dissipant les nuages des faux » systèmes, exposant l'histoire ou la doctrine sur les points » étudiés, avec une sûreté de coup d'œil et une méthode » qui communiquaient la lumière.

» Les fêtes auxquelles il prit part, et qui intéressaient

comme témoignage de notre reconnaissance envers l'ami si dévoué qui les a composées :

« Lundi matin, dans l'église paroissiale de » Château-Chinon, avaient lieu les funérailles » de M. l'abbé Bion. Nous y assistions le cœur » brisé, les yeux pleins de larmes, et nous pou- » vons dire que le spectacle émouvant de la céré- » monie nous a consolé, s'il est une consolation

---

» un diocèse, une paroisse, une famille, une communauté, » faisaient jaillir de son cœur et de son imagination émus, » comme autant d'étincelles, les plus touchantes inspira- » tions. Alors il devenait artiste et poète. Ses évêques, ses » amis, les enfants confiés à ses soins, l'Eglise surtout, » la sainte Eglise et le Pape, étaient chantés par son âme » qui vibrait comme une lyre. Nous ne pouvons pas citer » les compositions éparses, semées çà et là comme des fleurs, » fleurs à l'éclat modeste, au parfum de la reconnaissance, » du respect et de la charité.

» Nous espérons que nous pourrons lire un jour, réunis » en un beau livre, les articles publiés pendant deux ans » dans une feuille religieuse et destinés à former un » magnifique *Mois de Marie.*

» Vicaire de Lormes en quittant le séminaire, il avait » mûri sous la main et pour la consolation de son oncle » vénéré, doyen de cette paroisse; curé de Corancy, » M. Bion avait donné toute son affection et tout son » zèle à cette chrétienne population ; appelé par l'obéis-

» dans un deuil si grand, dans une perte si » cruelle !

» La mort venait de briser en un jour, pour » des amis nombreux, pour une famille déjà tant » éprouvée, et pour le diocèse de Nevers, les plus » riches espérances. Qui ne connaissait et n'ap- » préciait ce jeune prêtre que Dieu s'était plu » à enrichir de tous les dons qui font l'homme » de talent et le prêtre parfait ? Facilité de concep- » tion, fécondité originale du travail, merveil-

---

» sance à devenir le premier supérieur de l'institution » Saint-Romain, il s'était dévoué à sa tâche sans calculer » ses forces et ne cherchant que le bon plaisir de Dieu. » Comment il savait tout vivifier autour de lui, ses colla- » borateurs et ses élèves pourraient nous le dire. Dès la » première année, cette institution naissante jouissait » d'un succès pleinement confirmé par les années qui » ont suivi. Avec les bénédictions de Dieu, la confiance » que M. Bion inspirait aux familles explique ce résultat.

» Toutes nos compassions vont aux maîtres et aux » élèves de cette jeune communauté, qui perd un soutien » et un père ; elles s'adressent aussi à la famille de » M. Bion, qui compte plusieurs de ses membres dans le » sacerdoce et la vie religieuse.

» Pour lui, nous aimons à croire que la patience » et la résignation avec lesquelles il a supporté les » souffrances de sa maladie, auront comblé devant Dieu » la mesure de ses mérites.

» *Un ami.* »

» leuses aptitudes intellectuelles — voilà pour » l'esprit; — piété, zèle, amour de toutes les » nobles causes et de toutes les saintes choses — » voilà pour le cœur sacerdotal. — Tout cela était » réuni, tout cela était comme concentré dans » l'âme de notre ami. La mort a ravi tout cela, » insensible à nos pleurs et sourde à nos constantes » prières. Il n'y a pour nous venger d'elle que le » mot si vrai ici de l'Écriture, à la louange du » juste : « Ce qui rend la vieillesse si vénérable, » ce n'est pas la longueur de la vie, ni le nombre » des années... Quand le juste mourrait d'une » mort précipitée, il jouirait d'un doux repos; » car, bien qu'ayant peu vécu, il a rempli la » course d'une longue vie (1) ! »

» On devait donc s'attendre à des sympathies » unanimes, à de douloureux regrets. Cependant, » cette démonstration imposante, cet éclatant » triomphe dont nous avons été témoin, sans » trop nous étonner, nous a doucement surpris. » Château-Chinon, Lormes, Corancy, les trois » paroisses qui garderont fidèlement le souvenir » de M. l'abbé Bion, et qui portent l'empreinte » bénie de tous ses pas, étaient là dignement

(1) Sap., IV, 7, 8, 13.

» représentées. Une foule immense formait le
» cortége de ce prêtre si bon, si pieux, si dis-
» tingué. Plus de soixante ecclésiastiques, cha-
» noines, doyens, curés, professeurs, aumôniers,
» étaient venus apporter la preuve éclatante de
» leur estime et de leur affection. M. l'Archiprêtre
» de Château-Chinon officiait. Et l'on remarquait
» en tête du convoi les enfants de l'institution
» Saint-Romain. Pauvres chers enfants! Comme
» votre tenue, vos physionomies charmantes,
» votre tristesse même, si profonde, et vos larmes
» rendaient bon témoignage de l'habile et intel-
» ligente direction qui vous a formés! Dieu seul
» sait la part qu'a eue votre œuvre de Saint-
» Romain dans l'immolation de cette vie sacer-
» dotale! Car votre vénéré supérieur s'est vraiment
» immolé dans le sacrifice d'un dévouement sans
» bornes et d'un travail sans mesure, plutôt qu'il
» n'est mort! M. l'abbé Dubarbier, vicaire général,
» en a fait l'aveu, dans l'allocution si sincèrement
» émue qu'il a prononcée avant l'absoute. Oh!
» qu'il était consolant pour nous d'entendre louer
» avec tant d'éloquence et peindre avec des cou-
» leurs si vraies l'âme de notre ami. Oui, l'on
» devait interpréter ainsi notre deuil et rappeler
» en pareils termes l'intelligence d'élite qui survit
» heureusement dans d'admirables pages, le cœur
» tout sacerdotal qui continuera de battre au ciel

» à l'unisson des nôtres. On a bien dit la perte » que faisaient le diocèse de Nevers, la chère maison » de Saint-Romain et cette famille que notre » affection est, hélas ! impuissante à consoler. Et » il nous plaisait d'entendre exprimer solennelle- » ment les regrets de notre Evêque. Comme nous » aimions à reconnaître les signes d'espérance qui » rayonnaient jusque dans cette mort ! N'est-ce » pas un mystérieux dessein de la Providence qui » vient d'appeler au ciel dans le mois du Sacré- » Cœur, en l'octave du Saint-Sacrement, et le » jour consacré à la sainte Vierge, le chantre des » dévotions les plus chères aux cœurs catholiques? » Au cimetière, les larmes coulaient de tous les » yeux. Au chant du *Salve Regina*, les enfants de » l'institution Saint-Romain vinrent les premiers » jeter l'eau bénite sur la tombe de leur bien- » aimé supérieur ; puis ils la couvrirent de fleurs, » et s'en allèrent, pleurant comme de pauvres » petits orphelins dont la seule vue ajoutait encore » à notre douleur poignante. — Ils ont beaucoup » perdu ; mais n'ont-ils pas gagné un protecteur » au ciel ?

» Pour nous, en regagnant l'église, nous médi- » tions cette pensée d'un pieux auteur : « que la » mort est une des fonctions de notre sacerdoce et » pour ainsi dire notre dernière messe. » Oui, » l'usage essentiel, sacerdotal, qu'il faut faire de

» ce corps, quand on est prêtre, est bien de » mourir ; et cette mort, commencée dans la » chasteté, continuée dans la mortification, le » renoncement, doit se consommer dans le sacri- » fice suprême, qui ouvre le chemin du ciel. » Mais pourquoi donc, — Dieu nous pardonne ce » cri involontaire, — a-t-il tant hâté cette heure » dernière, que nous aurions pu et dû peut-être » rendre moins hâtive? Son oncle, le vénéré » doyen de Lormes, était si consolé, en mourant, » de le laisser au diocèse. Eh bien ! lui aussi, à la » veille de sa mort, a eu la consolation de voir son » nom rayonner encore sous l'auréole du sous- » diaconat.

» Puissent son esprit de foi, son zèle, ses vertus » sacerdotales revivre en nous tous. Et que nos » prières, en lui ouvrant au plus tôt le ciel, nous » assurent un ange gardien de plus sur la terre.

» L'abbé LEMOINE. »

On lit dans la *Semaine religieuse* du 9 août :

« Samedi dernier, 2 août, dans l'église parois-
» siale de Château-Chinon, avait lieu le service de
» quarantaine pour le repos de l'âme de M. l'abbé
» Bion, chanoine honoraire, supérieur de l'insti-
» tution Saint-Romain. C'était également le jour
» choisi pour la distribution des prix. Par un sen-
» timent de convenance et de délicate attention, on
» avait tenu à ce que le souvenir du prêtre si
» pleuré, il y a quelques semaines, réunît une
» dernière fois, au moment de la séparation, les
» professeurs, les élèves et les amis qu'il avait tant
» aimés. Monseigneur a voulu présider lui-même
» la cérémonie et faire l'absoute après la messe,
» chantée par Mgr Crosnier. La nombreuse assis-
» tance des fidèles, la présence des grandes familles
» des environs, le cortége des prêtres prouvaient
» combien vifs encore sont les regrets et la douleur
» causés par cette mort si subite et si cruelle.

» Suivant l'usage des années précédentes, c'est
» dans la salle du clos Notre-Dame-de-Toutes-
» Joies qu'a eu lieu la distribution. Les dessins
» des élèves, les travaux de calligraphie exposés
» dès la veille, faisaient juger de leurs progrès
» croissants et du talent des maîtres, qui savent
» obtenir de pareils résultats. Les regards se por-
» taient surtout sur un tableau voilé d'un crêpe

» funèbre, orné d'encadrements en deuil et de » devises symboliques, au milieu desquelles se » dessinait l'image de celui qui eût été si bien » l'âme de cette fête de famille.

» Les instruments si joyeux autrefois étaient » muets aujourd'hui; aucun chant de réjouis- » sance, aucun discours : l'on était en deuil. Seul, » au nom de ses condisciples, un élève remercia » Monseigneur d'avoir bien voulu prendre part à » leur chagrin, et présider cette réunion composée » des prêtres du canton, d'un grand nombre de » curés voisins et des principaux personnages des » environs, parmi lesquels nous distinguions » M. le marquis de Chabannes, M. le comte Victor » de Chabannes, M. le vicomte de Chabannes, » M. de Saint-Maur, MM. de Saint-Péreuse, » M. H. de Chambure, M. Chartron, de » Lormes, etc., etc.

» Après la proclamation des couronnes et des » récompenses, Monseigneur a pris la parole. Nous » regrettons de ne pouvoir reproduire le texte de » cette grande et belle allocution, qui était en » même temps un panégyrique funèbre, une pro- » fession de foi et un appel aux familles. Les » applaudissements plusieurs fois répétés, et que » l'on eût multipliés si l'on n'eût craint de perdre » une seule des paroles de Sa Grandeur, ont » prouvé combien tous les cœurs étaient animés

» des mêmes sentiments, et combien on était heu-
» reux de ces paroles qui ont suffi à calmer toutes
» les inquiétudes, à raffermir toutes les espérances.

» Monseigneur s'est exprimé à peu près en ces
» termes :

« Mes chers Enfants,

» Je suis heureux de venir présider cette distri-
» bution des prix de Saint-Romain et de me
» trouver avec cette honorable et sympathique
» assistance, au milieu de vos bons parents, pour
» leur dire l'intérêt que je porte à une œuvre si
» importante.

» J'eusse désiré qu'aucun nuage ne vînt assom-
» brir cette fête; mais, hélas! vos cœurs d'ordinaire
» si dilatés à la fin d'une année se sentent oppres-
» sés par un triste souvenir; vos regards, qui
» d'habitude se portent si joyeux sur ces livres
» et ces couronnes, attendus avec une légitime
» impatience, cherchent ici une place vide et
» qu'eût si bien remplie celui qui était l'âme
» de toutes vos fêtes. Non-seulement j'excuse votre
» deuil, mais je le comprends et j'y prends une
» part bien vive. Je n'ai pas à faire l'éloge de votre
» jeune et intelligent supérieur; cet éloge a été
» fait; la touchante cérémonie de ce matin, la
» belle manifestation du jour des funérailles, ont
» montré combien tous ressentent la perte du bon

» abbé Bion et de tous les trésors cachés dans » cette nature d'élite ; et si la mort pouvait ne pas » s'attaquer à tout ce qui s'appelle jeunesse ou » espérance de l'avenir, celui que nous pleurons » serait toujours au milieu de nous.

» Il y a deux mois, à mon passage dans cette » ville, votre cher supérieur me remettait une » pièce de vers latins que je conserverai pré- » cieusement. Écrits sur un parchemin orné de » dessins et de vignettes qui rappellent le moyen- » âge et font voir clairement que cet esprit brillant » possédait toutes les aptitudes, ces vers sont le » développement de la devise sous laquelle j'ai » abrité mon épiscopat tout entier: *Ideo victor quia* » *victima.*

» Passant en revue les produits de la nature, » il appliquait d'abord à la grappe de raisin cette » grande loi de l'immolation par laquelle il faut » toujours passer pour être vainqueur. C'est après » avoir été *foulé* par le pressoir que le raisin fait » un vin généreux: à l'autel, c'est le sang du » Christ. Parce qu'il a été victime, il est devenu » vainqueur.

» Le grain de blé doit mourir dans la terre » pour renaître au printemps sur une tige ver- » doyante ; il lui faut l'*immolation (in molâ)* pour » assurer son triomphe et devenir l'hostie qui unit » Dieu et l'homme.

» L'arbre a besoin d'être *émondé* pour produire
» des fleurs et des fruits ; l'écolier, victime du
» travail, n'arrive au succès que par le sacrifice ;
» parce qu'il fut victime, il devient vainqueur.

» Puis, passant à un ordre plus élevé, il appli-
» quait cette devise au martyr saint Etienne et,
» avant lui, au roi des martyrs, Notre-Seigneur
» Jésus-Christ, et enfin, dans une gracieuse et déli-
» cate allusion aux souffrances et aux difficultés par
» lesquelles a passé cette chère maison de Saint-
» Romain, votre bon supérieur m'adressait ces vers :

» *Tuum, nos, Pater docens canticum*
» *Exere nobis illud cœlicum :*
» *Romana domus, pace fruere,*
» *Curas et luctus obliviscere,*
» *Verba loquere Patris optima :*
» *Ideo victor quia victima.*

» Eh bien ! mes chers enfants, puis-je dire
» aujourd'hui à cette maison de Saint-Romain :
» Maison de Saint-Romain, bannissez-vos alarmes,
» redites avec moi : En étant victime on devient
» vainqueur ! Pourrais-je vous abandonner en
» présence de toutes les difficultés du présent,
» en présence de la guerre que l'on prépare à
» l'enseignement religieux, guerre déjà ouverte
» dans ce département ?

» Croyez, mes chers enfants, que je porte à
» votre institution le plus vif intérêt et que je

» désire maintenir une œuvre aussi utile, et cela
» pour trois raisons :

» La première, c'est que Saint-Romain est un
» legs de mon vénérable prédécesseur, qui m'a
» laissé l'honneur et la consolation, et aussi la
» difficulté, d'achever son œuvre. De plus, j'ap-
» précie hautement l'influence que peut avoir et
» qu'aura certainement pour Château-Chinon et
» les alentours l'éducation chrétienne que vous
» recevez ici, et enfin, j'espère que Saint-Romain
» sera pour l'avenir une pépinière de bons et saints
» prêtres.

» Voilà mes intentions et mes désirs ; mais j'ai
» à vous dire que pour continuer cette œuvre
» excellente, j'ai besoin de deux choses :

» Si les évêques avaient une mine d'or à leur
» disposition, ils seraient bien heureux. Que
» n'ai-je cette mine d'or pour Saint-Romain !
» Mais j'adresse aujourd'hui un appel à toutes
» vos familles, à toute cette société d'élite qui
» m'entoure et qui, je le sais, répondra à mes
» désirs comme elle a répondu avec empressement
» à l'appel que j'ai fait dernièrement pour une
» œuvre d'un intérêt plus élevé, puisqu'elle a pour
» objet le recrutement du sacerdoce.

» J'ai besoin aussi du dévouement et du zèle
» des professeurs. Ce dévouement et ce zèle me
» sont acquis ; j'en ai déjà eu la preuve, et je suis

» heureux de remercier sincèrement ceux qui me
» l'ont donnée.

» Et à vous, chers élèves, je demande votre
» bonne volonté, votre bon esprit. Vous conti-
» nuerez ainsi dignement l'œuvre de votre bon
» supérieur, et ce sera là un autre monument
» que vous élèverez sur sa tombe, à côté de
» celui que lui préparent la reconnaissance et
» l'amitié. »

» Les vacances étaient commencées. Tous parti-
» rent sous la consolante impression des paroles de
» Sa Grandeur. Avant de quitter Château-Chinon,
» beaucoup allèrent s'agenouiller sur la tombe du
» bien-aimé supérieur ; leur cœur reconnaissant
» les porta à déposer au pied de la croix les cou-
» ronnes que leur avaient préparées le soin et le
» zèle du pieux défunt, qui semblait nous redire
» aussi :

» *Romana domus, pace fruere,*
» *Curas et luctus obliviscere,*
» *Verba loquere Patris optima:*
» *Ideo victor quia victima.* »

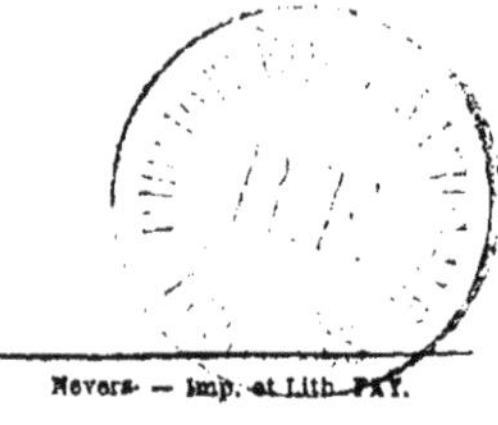

Nevers. — Imp. et Lith. FAY.

www.ingramcontent.com/pod-product-compliance
Ingram Content Group UK Ltd.
Pitfield, Milton Keynes, MK11 3LW, UK
UKHW022122260726
13993UKWH00003B/1177

9 782329 531212